La colonia de
Jamestown

MaryLee Knowlton y
Janet Riehecky

WORLD ALMANAC® LIBRARY

Please visit our web site at: www.garethstevens.com
For a free color catalog describing World Almanac® Library's list of high-quality books and multimedia programs, call 1-800-848-2928 (USA) or 1-800-387-3178 (Canada). World Almanac® Library's fax: (414) 332-3567.

Library of Congress Cataloging-in-Publication Data

Knowlton, MaryLee, 1946-
  [Settling of Jamestown. Spanish]
  La colonia de Jamestown / MaryLee Knowlton y Janet Riehecky.
    p. cm. — (Hitos de la historia de Estados Unidos)
  Includes bibliographical references and index.
  ISBN-10: 0-8368-7463-3 — ISBN-13: 978-0-8368-7463-1 (lib. bdg.)
  ISBN-10: 0-8368-7470-6 — ISBN-13: 978-0-8368-7470-9 (softcover)
  1. Jamestown (Va.)—History—17th century—Juvenile literature. 2. Frontier and pioneer life—Virginia—Jamestown—Juvenile literature. 3. Virginia—History— Colonial period, ca. 1600-1775—Juvenile literature. I. Riehecky, Janet, 1953- II. Title.
  F234.J3K6518   2006
  973.2'1—dc22   2006018018

This North American edition first published in 2007 by
World Almanac® Library
A Member of the WRC Media Family of Companies
330 West Olive Street, Suite 100
Milwaukee, WI 53212 USA

This edition copyright © 2007 by World Almanac® Library.

Produced by Discovery Books
Editor: Sabrina Crewe
Designer and page production: Sabine Beaupré
Photo researcher: Sabrina Crewe
Maps and diagrams: Stefan Chabluk
World Almanac® Library editorial direction: Mark J. Sachner
World Almanac® Library art direction: Tammy West
World Almanac® Library production: Jessica Morris and Robert Kraus

Spanish Edition produced by A+ Media, Inc.
Editorial Director: Julio Abreu
Editor: Adriana Rosado-Bonewitz
Translators: Bernardo Rivera, Luis Albores

Photo credits: Association for the Preservation of Virginia Antiquities, pp. 16, 27 (bottom); CORBIS, pp. 4, 6; Granger Collection, pp. 9, 20, 24; Jamestown-Yorktown Foundation, pp. 11, 26, 27 (top); National Park Service, Colonial National Historical Park, cover, pp. 12, 14, 17, 18; North Wind Picture Archives, pp. 7, 8, 10, 13, 19, 21, 22, 23, 25.

Printed in the United States of America

1 2 3 4 5 6 7 8 9 10 09 08 07 06

Contenido

Introducción

Dos jefes algonquinos en Virginia a fines de los años 1500.

El Viejo Mundo conoce al Nuevo Mundo

Durante la primavera de 1607, tres barcos llegaron a una costa **pantanosa** en Norteamérica. A bordo había 139 hombres y cuatro niños de Inglaterra.

Los viajeros desembarcaron en lo que hoy conocemos como el estado de Virginia. Ahí, construyeron un pequeño pueblo y lo llamaron Jamestown. Éste se convertiría en la primera **colonia** inglesa en lo que los colonos llamaron el "**Nuevo Mundo**". Sin embargo, los colonos no fueron los primeros habitantes de ese lugar. La tierra ya era el hogar de los algonquinos, nativos que vivían en cientos de pequeños pueblos en toda el área.

Este libro narra la historia de estos dos grupos de personas. Nos dice quiénes fueron y cómo se ayudaron entre sí.

Lo que escribieron los colonos

Varios de los colonos de Jamestown apuntaron sus aventuras en sus diarios. Otros escribieron cartas a familiares y a periódicos. Éstos son nuestros registros escritos de lo que sucedió en Jamestown, pero no siempre son la verdad. Algunas de sus narraciones fueron intentos para persuadir a más colonos a venir a la nueva colonia. En esos relatos no se mencionan las enfermedades, el hambre ni los peligros de su nueva vida. En lugar de eso, escribieron acerca de la belleza y los muchos cultivos de la tierra, y de sus acciones heroicas.

¿Quiénes eran los recién llegados?

Casi la mitad de los nuevos colonos eran "caballeros". Venían de familias ricas que tenían sirvientes. Algunos de los otros fueron: un párroco, un sastre, dos doctores, un herrero, tres albañiles, cuatro carpinteros, y algunos soldados. Pero, como se vería, no había granjeros.

El resto de los colonos eran personas pobres que habían aceptado trabajar durante siete años como sirvientes para pagar el costo de su viaje al Nuevo Mundo. Se les llamó **sirvientes obligados**, pero se les trató como a esclavos.

¿Por qué vinieron?

El Nuevo Mundo se mostraba prometedor para los habitantes de Inglaterra. Los ricos esperaban encontrar oro y después regresar. Algunos de los otros esperaban empezar una nueva vida en una nueva tierra, y una oportunidad para hacer su fortuna.

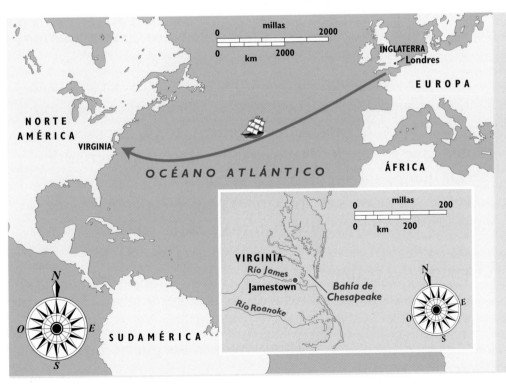

Este mapa muestra la ruta seguida por los tres barcos que transportaron a los colonos desde Inglaterra hasta Virginia. El mapa pequeño muestra la región de Virginia donde fundaron su colonia.

Capítulo 1

La gente de Virginia

Este pueblo algonquino estaba **fortificado** por una cerca de madera.

Antes de la llegada de los ingleses, la tierra a lo largo de la costa del Atlántico ya era el hogar de los algonquinos. Vivían en pueblos en toda el área y muchos tenían sus propios idiomas y tradiciones.

La vida en el pueblo

Los pueblos por lo general se construían cerca de un río o un lago. Algunos pueblos eran pequeños, pero otros tenían varios cientos de casas. Los aldeanos construían una muralla de estacas alrededor del pueblo para protegerse.

En cada casa vivían de seis a veinte personas. Los niños a menudo vivían con sus abuelos, tíos, tías y primos, así como con sus padres. Los carpinteros construían las armazones de madera que sostenían las casas. Éstas estaban cubiertas de esteras que las mujeres fabricaban con fibras de plantas y pieles de animales. Las armazones podían soportar los duros vientos y las esteras no dejaban pasar ni el viento ni la lluvia.

División del trabajo

Los trabajos de los hombres y de las mujeres estaban claramente separados. Los hombres eran los cazadores y trabajaban con piedra, metal y madera. También eran los guerreros y los líderes del grupo.

Las mujeres hacían trabajo textil. Tejían redes para atrapar animales y cestos para guardar cosas. Además de las esteras apretadas que formaban las paredes de las casas, tejían esteras menos apretadas para secar maíz y otros alimentos para el invierno o para viajar.

Cazadores y granjeros

Los algonquinos vivían de acuerdo con el mundo natural que les daba su alimento. Los hombres eran expertos cazadores y pescadores. Usaban muchas partes del animal: la carne para alimento, los huesos para herramientas, y las pieles para hacer ropa.

Las mujeres eran las granjeras. Su principal cultivo era el maíz, pero también sembraban calabazas, frijoles y melones.

Los grupos de Virginia pescaban con trampas, lanzas y redes. De las aguas en el área obtenían pescado.

Adornos

"En cada oreja por lo general tienen tres grandes agujeros donde cuelgan cadenas, brazaletes o cobre. Algunos de sus hombres llevan en esos agujeros una pequeña serpiente de color verde y amarillo, de casi media yarda (medio metro) de largo, que se arrastra y se cuelga alrededor de su cuello, y a menudo besa sus labios. Otros usan una rata muerta atada por la cola".

John Smith, colono de Jamestown, describiendo a los algonquinos que conoció

Maíz indio

El maíz era un alimento útil para los indios. Era delicioso y nutritivo cuando estaba fresco, y una bendición cuando estaba seco. El maíz podía usarse de muchas maneras cuando no había alimento fresco disponible. Los viajeros lo podían llevar en una bolsa o lo molían para hacer harina y luego pan. En el invierno, los nativos y los colonos de raza blanca combinaban el maíz con agua y cocinaban un cereal para alimentarse hasta la llegada de la primavera. Con las fibras fuertes de la cáscara y el pelo de la mazorca hacían buenos cestos y esteras.

Este dibujo muestra un pueblo algonquino y sus cultivos, tales como maíz y calabazas, en diferentes etapas del ciclo de crecimiento y de cosecha.

Los powhatan

El grupo indio más poderoso en Virginia en 1607 era el powhatan. Su líder era Wahunsonacock, quien cambió su nombre a Powhatan cuando tomó el mando después de su padre. Powhatan gobernaba a los seis grupos que su padre había organizado en la **Confederación** Powhatan, así como a otros 20 que había conquistado. Cada grupo tenía su propio jefe. En el momento en que los colonos de Jamestown llegaron, Powhatan gobernaba a una nación de más de diez mil habitantes que vivían en doscientos pueblos.

Cuando los ingleses llegaron en sus tres navíos, tomaron la tierra de los powhatan. Al principio, los nativos de Virginia consideraron interesantes a los nuevos habitantes, y posiblemente útiles. No pasaría mucho tiempo antes de que ambas culturas aprendieran a tomarse muy en serio entre sí como amigas y como enemigas.

Hombres y mujeres
"Los hombres [dedicaban] su tiempo a la pesca, la cacería, las guerras, y tareas varoniles como ésas . . . Las mujeres y los niños hacían esteras, cestos, vasijas y morteros; molían su maíz; hacían su pan; preparaban sus víveres, plantaban su maíz y lo cosechaban, cargaban toda clase de objetos, y hacían otras cosas por el estilo".

John Smith,
colono de Jamestown

John Smith, colono de Jamestown, dibujó este mapa de Virginia después de su regreso a Inglaterra. Marcó los pueblos y las tierras de los muchos grupos de la Confederación Powhatan.

El viaje desde Inglaterra

Esperanzas inglesas en su colonia

A principios de los años 1600, los ingleses controlaban las tierras al norte de Florida. Deseaban un nuevo mercado para sus productos de lana y un lugar para enviar a vivir a los habitantes de sus ciudades superpobladas. Sin embargo, el gobierno no había podido construir una colonia duradera.

En 1606, el rey James I firmó una **carta constitucional** que permitió que compañías privadas fundaran colonias en Norteamérica. Las compañías pondrían el dinero, reclutarían a los colonos, y manejarían la colonia como un negocio. La colonia crearía dinero para su compañía de la misma manera que podría hacerlo una granja o una fábrica, al producir oro, madera, y productos agrícolas para la venta.

La carta del rey dio a Norteamérica, desde Pensilvania hasta Carolina del Sur, a la Virginia Company of London. Hacia fines del año, la compañía tenía tres navíos listos para salir: el *Susan Constant*, el *Godspeed*, y el *Discovery*. A bordo había 140 hombres, incluso unos cuarenta marineros y 40 niños.

El sello de la Virginia Company of London presenta un retrato del rey James I; se usó como un sello oficial en documentos importantes.

El viaje

El 6 de diciembre de 1606, los tres barcos salieron del puerto. Durante seis semanas navegaron alrededor de la costa inglesa, sacudidos por tormentas. Muchos de los hombres estaban muy mareados. Por fin, los vientos cambiaron de dirección y los viajeros se dirigieron a Norteamérica.

Después de cerca de nueve meses, los marineros vieron la tierra de Virginia. Luego de un inicio difícil, el viaje había sido exitoso, y sólo un hombre había muerto por enfermedad. Sin embargo, ya había conflictos entre los hombres.

Llegada a Virginia

Después de algunas semanas de exploración, los recién llegados encontraron un lugar para su colonia. A 60 millas (100 kilómetros) del océano, en una **península** en el río que llamaron el James en honor a su rey, escogieron un sitio para construir su colonia.

El sitio, que llamaron Isla Jamestown, tenía una cosa a su favor: debido a que la franja de tierra que la unía al continente era estrecha, los colonos consideraron que se podía defender fácilmente. Sin embargo, esa decisión causó algunos problemas serios. Ahí, el agua no era buena para beber, y había muchos mosquitos y otros insectos.

Ésta es una réplica del *Susan Constant,* el más grande de los tres navíos que llevaron a los colonos a Virginia desde Inglaterra.

Grandes esperanzas

"Este río que hemos descubierto es uno de los más famosos ríos que alguna vez haya encontrado un cristiano. . . . Dondequiera que nos detuvimos en este río, vimos los mejores bosques . . . muchas frutas . . . gran abundancia de peces de toda clase . . . muchas extensas praderas que tienen excelentes pastizales para cualquier ganado. También hay gran reserva de venados, tanto los comunes como los gamos. Hay osos, zorros, nutrias, castores, almizcleras, y bestias salvajes desconocidas".

Primeras impresiones de Virginia del colono George Percy

La lucha por sobrevivir

Los primeros meses

La Virginia Company había elegido a siete líderes para la colonia, y se sellaron sus nombres en una caja. Antes de desembarcar, los colonos se enteraron de los nombres de sus líderes. Tres eran capitanes de los navíos, tres eran caballeros, y el último era John Smith. Estos líderes empezaron de inmediato a tener desacuerdos.

La Virginia Company había pedido que los colonos buscaran un lugar fértil para construir su colonia y empezar a cultivar la tierra a fin de proveerse de alimento para el invierno que estaba por llegar. La compañía también ordenó a los colonos que volvieran a cargar los barcos con leña, raíz de **sasafrás**, y muestras de metal para llevarlas a Inglaterra a fines de junio de 1607. Al salir los barcos del puerto, las cosas ya estaban mal en Jamestown. Los colonos no habían ni construido ni sembrado mucho. Habían sufrido un ataque de los nativos cuya tierra estaban tomando, y sus líderes aún se estaban peleando.

Los colonos poblaron una península que nombraron Isla Jamestown. Esta vista actual de la Isla Jamestown probablemente tiene un aspecto muy parecido al que vieron los colonos.

Los colonos vivieron en tiendas de campaña cuando llegaron. Se pusieron a construir casas, pero no tenían habilidades para la construcción.

Enfermedades

Las cosas empeorarían. En julio, muchos de los colonos se enfermaron. En pocas semanas varios habían muerto de enfermedades causadas por el agua sucia y los mosquitos. Las provisiones que los colonos habían llevado con ellos casi se habían agotado y no habían sembrado nada. Tampoco habían aprendido a pescar o cazar, y no querían salir de la colonia porque temían ser atacados por los indios. Para fines de septiembre, cerca de la mitad de los colonos había muerto.

Los powhatan podrían haber fácilmente matado a todos. En lugar de eso, un día llegaron de repente a Jamestown y les llevaron obsequios de alimento que salvaron muchas vidas.

John Smith, un líder trabajador

En este período tan difícil, John Smith tomó el mando para guiar a los colonos. Smith había quedado a cargo de las provisiones y ahora puso a los colonos a trabajar en la construcción de casas. Nunca adoptó la actitud de un caballero orgulloso y trabajó junto con ellos. Smith inspiró a los hombres débiles y enfermos a construir casas y techarlas con **paja**. Pronto, la

Rescatados por los powhatan

"Quiso Dios . . . enviar a esas personas que eran nuestros mortales enemigos a socorrernos con víveres, como pan, maíz, pescado y carne en gran abundancia, que ayudaron a nuestros débiles hombres a recobrar energías; de otro modo, todos habríamos perecido".

Colono George Percy

John Smith escribió en su diario que cuando fue a visitar a Powhatan, Pocahontas, la hija del jefe, le salvó la vida. Nadie sabe si esta historia es cierta o no.

mayoría de los colonos tenía casas para pasar el invierno que llegaba.

Una visita a Powhatan

Una vez hecho eso, Smith hizo varios viajes para comerciar con los indios y obtener alimentos; mostró respeto y lo obtuvo. Aun así, los colonos, en lugar de guardarlos para el invierno, se los comieron y desperdiciaron todo.

En diciembre de ese primer año, Smith y sus hombres hicieron un viaje aguas arriba del río Chickahominy para visitar al Jefe Powhatan. Su bote encalló en aguas poco hondas, pero Smith y otros dos hombres continuaron a pie guiados por dos compañeros nativos.

Otros indios persiguieron al grupo y mataron a los hombres de Smith, a quien tomaron prisionero. Después lo llevaron al Jefe Powhatan en su capital de Werowocomoco.

Lo que sucedió es el origen de la historia de John Smith y Pocahontas. John Smith narró la historia. Es muy romántica, pero la versión que se hizo popular no fue la primera que contó, y quizá la haya inventado. La primera versión contada por Smith no menciona a Pocahontas, sino dice que Powhatan lo dejó ir después de que los dos hombres hablaron.

La narración de John Smith

Ésta es la historia que John Smith contó más tarde. Luego de un gran festín, se colocaron dos enormes piedras en frente de Powhatan. Hicieron a Smith poner la cabeza sobre las piedras, y los indios se prepararon para aplastársela con sus garrotes. Smith escribe, "Pocahontas, la hija más querida del rey . . . me abrazó por la cabeza, y la cubrió con la de ella para salvarme la vida: al ver eso, el emperador decidió que yo debía vivir". Después, según Smith, Powhatan los declaró amigos verdaderos. Smith regresó a Jamestown con obsequios y buenos deseos por parte de Powhatan.

Llegan nuevos colonos

Era enero de 1608, nueve meses después de que los colonos habían llegado de Inglaterra, cuando un barco de Inglaterra llegó a Jamestown. Enviado por la Virginia Company, se cargó con provisiones y más de 100 nuevos colonos. Aunque les dio horror al encontrar que sólo 38 de los colonos originales aún estaban vivos, tenían muchas esperanzas.

Sin embargo, de nuevo, la suerte de Jamestown fue mala. Días después de la llegada del barco, un fuego destruyó la mayor parte de las construcciones y las provisiones. Esto habría significado el fin de la colonia, pero varias veces a la semana Powhatan envió comida a los colonos que estaban muriendo de hambre, y los mantuvo vivos durante el invierno.

Tal miseria

"Nuestros hombres fueron destruidos por crueles enfermedades . . . y algunos partieron de pronto, pero la mayoría simplemente murió de hambre. Nunca se dejó a ingleses en un país extranjero en tal miseria como quedamos nosotros en esta Virginia recién descubierta . . . Nuestra comida no era sino una pequeña lata de cebada en agua al día para cinco hombres, nuestra bebida era agua tomada del río, que estaba . . . llena de fango y suciedad . . .".

Narración del hambre en Jamestown por George Percy

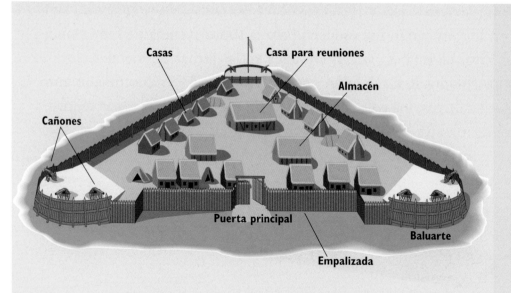

Casas

Casa para reuniones

Almacén

Cañones

Puerta principal

Baluarte

Empalizada

Cuando se fundó Jamestown, todas las construcciones estaban en un fuerte encerrado por una **empalizada**. En las esquinas había **baluartes** con cañones.

Búsqueda de oro

Los marineros se quedaron en Jamestown durante unos tres meses, comiendo los alimentos que debían ser para los colonos, y guiándolos en apasionadas búsquedas de oro. Los colonos se unieron a los marineros para cargar el barco con lo que creyeron ser oro. Cuando los marineros llegaron a Inglaterra con sus piedras brillantes, encontraron que no era oro, sino un metal sin valor conocido como "oro de los tontos".

En la primavera de 1608, John Smith ayudó a los colonos a reparar y reconstruir el fuerte. También exploró los alrededores y comerció con los indios. En septiembre, los colonos eligieron a Smith presidente de la colonia.

El invierno de 1608 a 1609

En septiembre llegaron más colonos, y llevaron las primeras mujeres a Jamestown. En el otoño, Smith y los colonos reconstruyeron el fuerte y acumularon provisiones. Ese invierno encontró a Jamestown en una situación mejor.

Comercio con los nativos

El comercio con los powhatan fue esencial para la sobrevivencia de Jamestown. Los nativos de Virginia estaban tan interesados en las armas de metal de los colonos como los colonos lo estaban en obtener comida. A cambio de alimento y de semillas para cultivos, los colonos también ofrecieron telas y ropas tejidas, herramientas, y recipientes de hierro para cocinar. A los powhatan les gustaban en particular las cuentas de vidrio azul. La que se muestra aquí se encontró en Jamestown.

Durante el invierno de 1609 a 1610, la mayoría de los colonos de Jamestown murió de hambre. Esta pintura muestra a los colonos sacando cuerpos del fuerte para enterrarlos.

Más colonos llegaron en 1609, esta vez familias enteras. Un barco se hundió, pero después de un viaje terrible, 400 nuevos colonos llegaron a Jamestown, enfermos y muy débiles. Se unieron a los 200 colonos que ya estaban en Jamestown y los pueblos indios cercanos. Poblaron dos nuevas **avanzadas** en el río James. Sin embargo, el año ya estaba por terminar, y era demasiado tarde para sembrar para el invierno.

La época de hambre

A fines de 1609, un accidente causado por pólvora causó que John Smith tuviera que regresar a Inglaterra. Sin Smith, las cosas empeoraron para los colonos durante el invierno. Esto llegó a conocerse como la época de hambre. Con más de 600 personas para alimentar, pronto se les acabó el grano. Los indios dejaron de comerciar con ellos y mataron sus cerdos. Temiendo un ataque, los colonos se resistían a salir del fuerte para ir a cazar o pescar. Cuando llegó la primavera sólo 60 personas estaban vivas. Algunos colonos murieron de frío o por enfermedad, y por ataques de los indios, pero la mayoría murió de hambre.

Rescate

Los pocos colonos vivos estaban a punto de darse por vencidos cuando llegó el Lord De La Warr. El rey James había decidido que los colonos no podían manejar sus propios asuntos y nombró gobernador a Lord De La Warr. El gobernador De La Warr llegó con 300 colonos sanos y provisiones suficientes para un año.

Un nuevo intento

El nuevo gobierno hizo varios cambios en la manera en que Jamestown se gobernaba. Cada hombre ahora tenía un trabajo específico: sembrar, fabricar ladrillos, o construir casas. Los colonos construyeron letrinas e hicieron un nuevo pozo. Se negó comida a quienes no trabajaban o no podían hacerlo.

El gobernador también permitió que los colonos que eran hombres libres rentaran tierra y conservaran sus cosechas. Cada hombre libre recibió tres acres (1.2 hectáreas) para cultivarlos para su uso. Ahora que no todo lo que cultivaban tenía que entregarse a la Virginia Company, los hombres estuvieron más dispuestos a trabajar más duro. Para 1619, el nuevo gobierno permitió a los colonos poseer su propia tierra, pero también

A medida que la colonia creció, los colonos empezaron a tomar tierras más allá del fuerte. Esta pintura muestra el aspecto que tal vez tuvo en 1614.

La boda de Pocahontas, o Rebecca, con John Rolfe, en abril de 1614. John Rolfe fue el colono que introdujo el tabaco a Jamestown.

estableció reglas de conducta. Los delitos incluían hacer camisas mal cosidas, hablar en contra de la Virginia Company, y escapar para vivir en los pueblos nativos. Quienes rompían las reglas podían ser azotados o ejecutados.

Los colonos empezaron a cosechar tabaco y enviaron cuatro barriles a Inglaterra, donde se vendió bien. Pronto el tabaco se convirtió en la primera fuente de ingresos para la nueva colonia.

Problemas con los indios

Cuando John Smith se marchó, los indios y los colonos se llevaron mal. El comercio se suspendió y los colonos robaron maíz de los campos de los nativos. También tomaron cada vez más tierra powhatan. Los indios a su vez habían tomado prisioneros.

En 1613, los colonos capturaron a Pocahontas, la hija de Powhatan. La tuvieron como rehén hasta 1614, cuando se casó con John Rolfe, uno de los colonos. El matrimonio trajo consigo la paz entre los colonos y los indios. Sin embargo, cuando John Rolfe llevó a su nueva esposa, ahora llamada Rebecca, a una visita a Inglaterra, ella se enfermó y murió ahí en 1617.

La vida en Virginia

La vida en Virginia

En 1616, unas 350 personas vivían en Virginia en cuatro comunidades. Sólo unas cincuenta de ellas vivían en Jamestown. Para 1624, más de 7,300 personas habían llegado a Virginia, pero más de 6,000 habían muerto. Las personas se estaban dando cuenta de que sólo a los cerdos y al ganado les iba bien en la Isla Jamestown. Empezaron a irse a vivir a las cercanías donde la tierra y el agua eran mejores.

Tabaco

Fumar tabaco se había hecho muy popular en Inglaterra y otros países europeos. Dos años después de que los primeros barriles

La Cámara de los Comunes

En 1619, la Virginia Company of London decidió que necesitaba hacer de Virginia un lugar más agradable para los colonos. Dio a los colonos más propiedad y suspendió algunas de las leyes estrictas. También estableció un nuevo gobierno local llamado la Cámara de los Comunes. Éste era un grupo de cuatro líderes, o **burgueses**, de cada distrito de Virginia. Este gobierno

establecía leyes y resolvía problemas. Pero, los burgueses eran los hombres más ricos y los más grandes terratenientes: no había mujeres ni sirvientes. De modo que hicieron leyes que fueron para su propio beneficio.

de tabaco llegaron al mercado inglés, la colonia de Virginia estaba enviando 50,000 libras (23,000 kilogramos) cada año. Era el **cultivo comercial** y los colonos usaban tabaco en lugar de dinero.

El cultivo de tabaco requirió muchos trabajadores; así, los terratenientes pagaron a sirvientes obligados para que vinieran y trabajaran durante siete años. Se mantenía a los sirvientes en terribles condiciones. Se suponía que después de siete años se les darían herramientas y semillas para empezar sus propias granjas, pero la mayoría murió antes de quedar libre.

Aquí vienen las novias

La Virginia Company sabía que su colonia tenía que tener mujeres para que atrajera a los hombres solteros. De modo que en 1620 y 1621, la compañía envió cerca de 250 mujeres a Virginia para que se casaran con los colonos. Los hombres pagaron un mínimo de 120 libras (150 kilogramos) de tabaco por una esposa.

Las primeras novias llegaron a Jamestown de Inglaterra. Aunque se les anunció como "jóvenes doncellas", muchas de ellas habían cometido crímenes. Las enviaron a la colonia en lugar de ser enviadas a prisión.

21

Carga de barriles de tabaco en barcos en el río James. En 1628, se enviaron más de 500,000 libras (230,000 kilogramos) de tabaco desde Jamestown.

Las familias y la agricultura

La mayoría de la población de colonos en Virginia se componía de familias. Los colonos eran granjeros cuyo sueño era vivir como ingleses ricos. Querían tierra, dinero, y una vida fácil en la cual otros hicieran el trabajo. En Inglaterra esto habría sido imposible porque algunas familias ya poseían toda la tierra, pero en Virginia, acumular tierras era fácil.

En 1619, se le dio 50 acres (20 hectáreas) de tierra al jefe de una familia por cada persona que llevara a Virginia. Significó que los hombres que tenían esclavos y sirvientes podían tomar cientos de acres de tierra para sí mismos.

Guerras con los indios

Cuando el Jefe Powhatan murió en 1618, la paz de Pocahontas se rompió. Los colonos siguieron tomando las tierras de los indios para sus cultivos de tabaco y el aumento de poblados. Los nativos perdieron sus hogares y sus campos de maíz.

En 1622, un ataque indio en Henrico, uno de los poblados en Virginia, resultó en la captura o la muerte de 350 de los 1,400 colonos, y destruyó el pueblo. Los ataques continuaron por ambas partes, pero para 1700 sólo quedaban mil de los antes poderosos powhatan. Los colonos blancos les habían quitado la tierra natal a ellos.

Sociedad de plantación

Para mediados de 1600, había cientos de granjas en Virginia conectadas a los poblados mediante una red de caminos. No obstante, Jamestown no floreció y se hizo poco más de un pueblo para cruzar en el camino hacia las **plantaciones** de tabaco. Los primeros colonos en Jamestown querían tomar las riquezas de la tierra y llevárselas a Inglaterra, pero los nuevos granjeros de Virginia decidieron quedarse en la colonia para formar una **clase gobernante**.

Esclavitud en Virginia

En 1619, un barco holandés llegó a Jamestown con veinte africanos para venderlos como esclavos a los colonos. Sin embargo, los colonos tenían sus sirvientes obligados y no necesitaban muchos esclavos. Pero, en 1670 menos sirvientes estaban llegando desde Inglaterra y el mercado fue mejor para los esclavistas. Más tarde en Virginia se aprobó una ley que señalaba que todos los sirvientes que llegaran por mar y no fueran cristianos, eran esclavos. Para 1681, había 3,000 esclavos en Virginia, un número que creció a 260,000 para 1782.

Después de Powhatan, su hermano Opechanca-nough (arriba, con sus guerreros) tomó el cargo como jefe de los powhatan. Para tratar de salvar a los powhatan de ser echados de Virginia, Opechanca-nough atacó la colonia de Virginia. En 1644, por fin fue capturado y ejecutado.

El fin de Jamestown

Esta etiqueta de tabaco a principios de los años 1700 muestra al propietario de una rica plantación supervisando a sus esclavos.

Un cultivo comercial

Virginia ahora tenía un cultivo comercial que podría venderse en cualquier lugar y empezó a comerciar con más países. Para mantener el control, Inglaterra creó una ley que establecía que sólo sus barcos podían transportar mercancías hacia y desde las colonias. Pero, los virginianos siguieron haciendo negocios con los holandeses.

Los colonos protestan

Los ingleses también cobraban altos impuestos por el tabaco. Para muchos resultó difícil vivir de la venta de sus cosechas. Los colonos protestaron respecto a los impuestos y otros temas. Según creció la colonia, los colonos tomaron más tierras y los indios se resistieron. Estos problemas difíciles llevaron a una revuelta que llegó a conocerse como la rebelión de Bacon.

La rebelión de Bacon

Nathaniel Bacon fue un hacendado que se había establecido en las afueras de la colonia de Virginia. Pidió permiso a la colonia para pelear contra los indios a fin de proteger sus tierras. Sin embargo, los líderes de la colonia tenían acuerdos comerciales con los nativos y querían mantener la paz con ellos. En junio de 1676, Bacon y sus seguidores amenazaron a Jamestown con un ejército de 500 hombres. Demandaron apoyo para una guerra contra los indios. Cuando se reunieron con el gobernador y su consejo, los rebeldes también sugirieron reformar la manera en que se gobernaba la colonia. La colonia aprobó esas **reformas** y llegaron a conocerse como las Leyes de Bacon.

Pero, pronto a Bacon lo denunciaron como traidor por causar problemas. En septiembre de 1676, marchó de nuevo contra Jamestown. Esta vez el gobernador huyó y Bacon y sus hombres quemaron la ciudad. Sin embargo, cuando Bacon murió por enfermedad en octubre de ese mismo año, la rebelión se vino abajo.

A pesar de los acuerdos entre la colonia de Virginia y los nativos que vivían alrededor de ella, los colonos blancos estaban quitándoles cada vez más las tierras a los indios. Aquí, colonos de Virginia atacan un poblado nativo en 1675.

El fin de la colonia de Jamestown

En realidad, Jamestown nunca se recuperó después de todos sus desastres, pero siguió siendo la capital de Virginia hasta 1698. En ese año, un incendio quemó la Cámara Legislativa y el gobierno de la colonia se mudó al cercano Williamsburg. Para 1700, Jamestown fue abandonado y la isla pasó a formar parte de dos plantaciones locales.

Conclusión

Vestidos de ropas coloniales, las personas en el fuerte de Jamestown recreado muestran a los visitantes cómo era la vida durante los primeros días de la colonia.

Redescubrimiento de Jamestown

Durante muchos años, se creía que el mar se había tragado la tierra en la cual estaba el fuerte original de Jamestown. No obstante, en 1996 **arqueólogos** descubrieron ruinas del fuerte. Desde entonces, han encontrado otras partes del fuerte, incluso tres bodegas y un foso lleno de armaduras y armas. Los arqueólogos han encontrado más de 350,000 artículos que son de los primeros tiempos de Jamestown.

El actual Jamestown

Hoy, cerca del lugar donde alguna vez estuvo Jamestown, los visitantes pueden ver los restos de dos culturas que—durante un tiempo—compartieron la tierra y sus vidas. *El Jamestown Settlement* es un museo vivo donde las personas pueden ver

El pueblo powhatan en Jamestown Settlement ofrece ejemplos de artesanías de los amerindios, tal como el curtido de piel de venado que se muestra aquí.

cómo vivieron los colonos y los nativos. En un pueblo powhatan reconstruido, los visitantes pueden ver a nativos tejer, moler maíz, y hacer sogas y canoas.

El fuerte muestra el aspecto que tal vez tuvo en 1610. Incluso hay réplicas de los tres barcos que llegaron en 1607.

¿Qué nos enseñan los artefactos?

Los **artefactos** que los arqueólogos han encontrado presentan mucha información acerca de la manera en que vivieron los powhatan y los colonos de Jamestown. Se conservan cuentas de vidrio y collares de cobre, y muestran que los ingleses comerciaron con los indios por alimentos. Los estilos de las vasijas y las pipas de cerámica ayudan a saber las fechas de otras cosas encontradas con ellos en los fosos. El gran número de hojas anchas de hacha, usadas para cortar árboles y dar forma a la madera, muestra que la madera era una necesidad en Jamestown. Se usaba para calentar, para construir, para cocinar, y en el comercio.

Estos dos artefactos del Jamestown temprano son *(izquierda)* un embudo de un molino de alimento y *(derecha)* la hoja de un hacha.

Línea de tiempo

1606	10 de abril: El rey James I de Inglaterra le da a la Virginia Company of London el derecho de fundar una colonia en Norteamérica. 20 de diciembre: tres barcos zarpan hacia Virginia desde Londres, Inglaterra.
1607	14 de mayo: Los colonos llegan a la Isla Jamestown y fundan la colonia de Jamestown. Julio: Los colonos empiezan a enfermar y a morirse. Diciembre: Según la leyenda, Pocahontas salva la vida de John Smith.
1608	Septiembre: Smith es elegido presidente de la colonia de Virginia. Las primeras mujeres llegan a Jamestown.
1609	El rey James I nombra un gobernador para la colonia de Virginia. Octubre: John Smith regresa a Inglaterra. Empieza la época del hambre.
1610	Junio: El gobernador De La Warr llega mientras los colonos se preparan a abandonar Jamestown.
1613	Pocahontas es tomada como rehén.
1614	Pocahontas se casa con John Rolfe. El primer embarque de tabaco se envía de Jamestown a Inglaterra.
1617	Muere Pocahontas.
1618	Muere Powhatan y Opechancanough se hace líder de la Confederación Powhatan.
1619	Se funda la Cámara de los Comunes. Se les dan tierras a los colonos.
1622	Marzo: Los powhatan capturan o matan a 350 colonos de Virginia.
1676	Rebelión de Bacon.
1698	Octubre: El edificio de la Cámara Legislativa en Jamestown se quema.
1699	La capital de Virginia se traslada a Williamsburg.

Cosas para pensar y hacer

Llegada a Jamestown

Estás en 1609 y tienes diez años de edad. Siempre has vivido en la gran ciudad de Londres y nunca antes habías salido de Inglaterra. Ahora has viajado a Virginia en un barco con una de las primeras familias en ir a la colonia. Describe tus impresiones y sentimientos cuando llegas a Jamestown. ¿Cómo son los habitantes? ¿Qué hace tu familia para construir una casa y obtener comida?

Pueblos fortificados

Mira el pueblo algonquino que se muestra en la imagen de la página 6. Ahora ve la imagen del primer fuerte en Jamestown en la página 15. ¿En qué se parecen? ¿En qué son diferentes?

Lucha por sobrevivir

¿Por qué crees que los habitantes de Jamestown tuvieron que luchar tanto por sobrevivir? ¿Qué crees que podrían haber hecho de manera diferente?

Huida

Varios colonos de Jamestown huyeron de su propio poblado cuando las cosas se pusieron mal y se fueron a vivir con los powhatan. Imagina que eres uno de esos colonos. Compara tu nueva vida con tu vida en Jamestown.

Glosario

arqueólogo: persona que estudia restos de culturas humanas más tempranas.

artefacto: objeto fabricado por seres humanos que persiste desde una época más antigua.

avanzada: pequeño poblado que es parte de otro más grande.

baluarte: pared u otra estructura que sirve como defensa contra ataques.

burgués: hombre terrateniente blanco que representaba su distrito de Virginia en la Cámara de los Comunes.

carta constitucional: concesión oficial de un gobierno o gobernador.

clase gobernante: grupo de personas que mantiene el poder en una comunidad.

colonia: poblado, área o país que es propiedad de otra nación, o es controlado por otra nación.

confederación: alianza de grupos que acuerdan actuar juntos y apoyarse entre sí.

cultivo comercial: cultivo, como el tabaco o el café, que se cultiva para vender más que para servir de alimento para el granjero.

empalizada: cerca hecha de estacas.

fortificar: hacer más fuerte.

Nuevo Mundo: nombre de Norteamérica y Sudamérica usado por los primeros europeos que viajaron y se establecieron ahí.

pantanoso: muy húmedo. Usado para describir tierras que a veces están en parte bajo el agua.

península: pedazo de tierra que sobresale hacia el agua, pero que está conectado al continente.

plantación: granja grande donde se hacen cultivos comerciales y el trabajo es hecho por jornaleros o esclavos.

reforma: cambio hecho para mejorar las condiciones sociales.

sasafrás: árbol cuya raíz se usa para dar sabor a las bebidas.

sirviente obligado: trabajador que acepta trabajar durante un período establecido a cambio de una oportunidad ofrecida por un patrón.

techumbre de paja: cañas secas tejidas y usadas como material para techos.

Información adicional

Libros

Bulla, Clyde Robert. *Pocahontas and the Strangers*. Scholastic, 1995.

Graves, Charles P. *John Smith*. Chelsea House, 1991.

Knight, James E. *Jamestown: New World Adventure* (*Adventures in Colonial America*). Troll, 1998.

Sakurai, Gail. *The Jamestown Colony*. Children's Press, 1997.

Sita, Lisa. *Indians of the Northeast: Traditions, History, Legends, and Life*. Gareth Stevens, 2001.

Sitios web

www.apva.org Imágenes de la Asociación para la Preservación de Antigüedades de Virginia (Association for the Preservation of Virginia Antiquities), de exploraciones arqueológicas y artefactos encontrados en Jamestown.

www.historyisfun.org Información acerca de la colonia de Jamestown, de la Fundación Jamestown-Yorktown (Jamestown-Yorktown Foundation).

www.vcdh.virginia.edu/jamestown Proyecto Virtual Jamestown (Virtual Jamestown Project) de la University of Virginia.

Dirección útil

Jamestown Settlement
Jamestown-Yorktown Foundation
P. O. Box 1607
Williamsburg, VA 23187
Teléfono: 1-888-593-4682

Índice

Los números de páginas en **negritas** indican ilustraciones.